AF382908

TOMA DECISIONES Y ASÚMELAS

Las claves para elegir satisfactoriamente en el ámbito laboral

Por Véronique Vesiez
Traducido por Laura Soler Pinson

Coaching 50MINUTOS.es

TOMO DECISIONES Y LAS ASUMO

- **¿Problemática?** ¿Cómo supero la dificultad de tomar decisiones y asumirlas?
- **¿Utilidad?** Tomar decisiones profesionales pensadas es determinante para el equilibrio y ayuda a avanzar de una forma plenamente consciente hacia los objetivos que nos hemos fijado.
- **¿Contexto profesional?** Gestión de carrera, evolución profesional.
- **¿Preguntas frecuentes?**
  - ¿Qué pasos sigue mi cerebro para tomar una decisión?
  - ¿Cuáles son las consecuencias de una «no elección»?
  - ¿Tengo que fijar unos límites a mis decisiones?
  - ¿Se puede hablar de buenas o malas decisiones?
  - ¿En qué medida un mejor conocimiento de uno mismo permite tomar decisiones

- ¿Debo dejarme ayudar cuando tengo que tomar una decisión profesional importante?

En algún momento de la vida, todos nos enfrentamos a elecciones profesionales: elegimos una profesión, cambiamos de puesto, creamos una empresa, pasamos a un régimen de trabajo distinto, etc. Estas decisiones, ya sean pequeñas o grandes, salgan de nosotros o de un tercero, a menudo nos sitúan en una posición incómoda que llega a ser estresante en caso de indecisión.

Algunos dirán que «elegir es renunciar», tal y como afirmaba el escritor André Gide (1869-1951) para recalcar la dificultad del asunto. Pero más allá de una renuncia, elegir es enfrentarse a lo desconocido, asumir un riesgo —puesto que el final es incierto— y, de esta manera, dar una orientación a nuestra trayectoria, avanzar en una dirección concreta. Se trata de una apuesta necesaria para el futuro.

Por lo tanto, es fundamental que aprendamos a elegir, ya que esto nos permite modificar una situación que no nos satisface, conservar lo que tenemos o evolucionar hacia nuestros objetivos vitales, sin depender de los demás.

Pero concretamente, ¿cómo dejamos atrás la indecisión? ¿Cómo podemos estar seguros de nuestras decisiones y asumir la dirección que tomamos con total serenidad? ¿Cómo elegir lo que nos hace felices? Descubre en 50 minutos nuestros consejos prácticos para tomar decisiones profesionales satisfactorias y atenerse a ellas.

EL ABECÉ DE LA ELECCIÓN BIEN MEDITADA

¿POR QUÉ ES TAN DIFÍCIL ELEGIR?

Los límites del enfoque racional

Las investigaciones en ciencias cognitivas demuestran que tomamos todas nuestras decisiones en dos tiempos. En primer lugar, reunimos datos y analizamos las opciones disponibles, lo que nos permite eliminar algunas. A continuación, comparamos las opciones que quedan para evaluar el compromiso y las acciones necesarios para cada una de ellas, así como sus consecuencias a largo plazo.

Cuanto más importante nos parezca la decisión, más intentaremos racionalizarla. Es el famoso método de una columna de pros y otra de contras. Esto permite arrojar luz sobre la situación distinguiendo las ventajas y los inconvenientes y evaluando las consecuencias sobre nosotros y sobre nuestro entorno. Pero, a menudo, esto no nos permite decidir. Además, una reflexión demasiado exhaustiva puede conducirnos a quedarnos en una «no elección», lo que genera ansiedad y culpabilidad.

Los investigadores en neurociencias han observado que cuantos más datos recopilamos sobre un tema, más riesgo corremos de alejarnos de lo esencial. En efecto, el potencial de nuestro córtex prefrontal, responsable de nuestros razonamientos, solo puede gestionar una cierta cantidad de datos a la vez. Por lo tanto, demasiada información puede perjudicar nuestra lucidez y apartarnos de lo que realmente tiene valor.

Posibilidades infinitas

En otras épocas, vivíamos a través del grupo y nos ajustábamos a un destino que ya estaba definido desde que nacíamos. La cohesión y el equilibrio del grupo primaban por encima de nuestra felicidad personal. Al promulgar la libertad y la igualdad, las revoluciones y la democracia han individualizado la sociedad y han entregado a cada uno la responsabilidad de su propia felicidad. «La libertad ya no es solo una posibilidad, sino que se ha convertido en un deber. Pero al convertirse en una obligación, queda vacía de sentido»[1] (Péronnet 2010), explica la filósofa e investigadora Michela Marzano (nacida en 1970).

La consecuencia es que, muy a menudo, nos vemos superados por la infinidad de opciones a la hora de elegir que se presentan ante nosotros y por la aplastante responsabilidad que recae sobre nuestros hombros.

La reaparición de los miedos

Cuando elegimos, hay un cierto número de factores que escapan a la razón, sobre todo nuestros miedos, que pueden frenar nuestra decisión. Según Lise Bourbeau (nacida en 1941), escritora canadiense de varios superventas y fundadora de la escuela Écoute Ton Corps («Escucha Tu Cuerpo»), existen miedos reales (cuando nos en-

---

1. Cita traducida por 50Minutos.es

frentamos a un peligro real) y miedos «irreales», por ejemplo:

• miedo a asumir un riesgo;
• miedo a equivocarse;
• miedo a renunciar a algo;
• miedo a sentirse encerrado;
• miedo a decepcionar;
• etc.

Los miedos irreales, creados por nuestra mente, están relacionados con nuestras creencias que, en su mayor parte, se forman durante nuestra infancia como consecuencia de experiencias vividas, observadas o aprendidas. Para evitar que estas experiencias dolorosas vuelvan a repetirse, desarrollamos ciertos comportamientos con los que nos protegemos, pero que a la vez nos encierran.

LOS MENSAJES LIMITADORES

En base a los trabajos de Eric Berne (psiquiatra estadounidense, 1910-1970), fundador del análisis transaccional, el psicólogo estadounidense Taibi Kahler (nacido en 1943) identifica cinco mensajes llamados impulsores que influyen nuestros comportamientos:

- sé fuerte;
- sé perfecto;
- date prisa;
- esfuérzate;
- complace.

Estos mensajes, que integramos desde nuestra infancia a través de nuestra educación, de nuestra cultura y de nuestras experiencias, están en la raíz de las limitaciones que nos imponemos. Conocerlas y aceptarlas es aprender a volver a ser nosotros mismos y no quien se espera que seamos.

El miedo al cambio también está muy presente y arraigado en cada uno de nosotros. Tendemos a amar nuestras costumbres, ya que es más tranquilizador. Cambiar exige que salgamos de esa zona de confort, que nos dirijamos hacia lo desconocido sin tener la certeza de que las decisiones tomadas serán satisfactorias para nosotros.

En su libro *¿Quién se ha llevado mi queso?*, el doctor Spencer Johnson (escritor estadounidense, nacido en 1940) destaca nuestros comportamientos frente a las dificultades y a los desafíos de la vida a través de la historia de cuatro pequeños personajes, los «liliputienses»:

- Fisgón, que identifica el cambio cuando empieza a manifestarse;
- Escurridizo, que desencadena la acción;
- Hem, que teme y rechaza el cambio porque le da miedo que le perjudique;
- Haw, que sabe adaptarse a tiempo en cuanto entiende que el cambio puede ser sinónimo de mejoría.

Por lo tanto, nuestra actitud frente al cambio es fundamental cuando nos vemos obligados a tomar una decisión profesional.

El desconocimiento de nosotros mismos

Lo que probablemente estemos buscando a través de nuestras decisiones es alcanzar la felicidad.

En opinión de Frédéric Lenoir (filósofo, sociólogo y escritor, nacido en 1962), «nuestros modos de vida acelerados nos impiden conectarnos con nuestro yo más profundo. Queremos hacerlo todo y nos falta tiempo»[2] (Lenoir s.f.)

<u>**Los ingredientes de la felicidad**</u>

Según Frédéric Lenoir, los científicos se ponen de acuerdo para aseverar que la felicidad viene:

- en un 50 % de la genética (genes, herencia);
- en un 40 % de nuestras decisiones y acciones (nuestras elecciones vitales, el sentido que le damos, nuestros compromisos, la gente a la que conocemos, nuestras actividades);
- en un 10 % de las condiciones externas (el país donde vivimos, nuestro entorno social, nuestro círculo familiar).

«La clave de la sabiduría es la disminución, la autolimitación de nuestros deseos, ajustándolos al mundo tal cual es: limitado y en crisis. A cultivar lo esencial nos invitan todas las corrientes

---

2. Cita traducida por 50Minutos.es

de sabiduría del mundo, desde los estoicos hasta los budistas, pasando por Spinoza, Montaigne… y Jesucristo. Al tomar este camino con la decisión adecuada, encontraremos más felicidad y la viviremos más profundamente»[3] (*ib.*).

Por lo tanto, el desconocimiento de sí mismo, el hecho de no saber qué queremos exactamente y la búsqueda de deseos inadaptados pueden convertirnos en seres frágiles, tanto a la hora de tomar decisiones profesionales como a la hora de enfrentarnos a elecciones vitales.

¿CÓMO TOMO DECISIONES PROFESIONALES SATISFACTORIAS?

Explora los factores externos

Para entender mejor, tomemos un ejemplo universal, una pregunta que cualquiera debería plantearse en algún momento e, incluso, en varias ocasiones: «Para desarrollarme profesionalmente, ¿tengo que quedarme en mi empresa y seguir ejerciendo esta profesión o me vendría mejor buscar un nuevo empleo, una nueva

---

3. Cita traducida por 50Minutos.es

actividad?».

En primer lugar, identifica el contexto del entorno en el que se debe llevar a cabo la decisión. Estudia los factores que pueden entrar en juego en tu decisión.

- ¿Cómo funciona la organización de tu empresa? ¿Cuáles son los modos de decisión?
- ¿Cuáles son las perspectivas de trabajo o de creación de actividad en el ámbito que te interesa?
- Infórmate acerca de los sectores económicos, los tipos de empresa, los lugares en los que se ejerce la profesión deseada.
- ¿Cuáles son las cualidades profesionales y personales necesarias para ejercer la profesión que quieres?
- ¿Qué recursos financieros necesitas para lanzarte en un nuevo proyecto o para seguir una formación?
- ¿Quiénes son los expertos que pueden aconsejarte? No dudes tampoco en pedir opinión y apoyo a tu entorno.
- Imagina los riesgos o los obstáculos que podrías encontrarte.

Lleva a cabo una introspección

El filósofo neerlandés Baruch Spinoza (1632-1677) creía que el camino que lleva a la felicidad pasa por desarrollar nuestra naturaleza profunda. Esto requiere que nos conozcamos bien, que definamos lo que nos conviene y lo que no nos conviene. Por lo tanto, es esencial que anotes todo lo que conoces sobre ti mismo, ya que cuanto más te conozcas, más posibilidades tendrás de escoger lo que te convenga. Toma perspectiva para analizar los siguientes elementos:

- tu experiencia profesional pasada y presente;
- tus aptitudes y tus competencias;
- tus rasgos de personalidad;
- tus gustos y tus centros de interés;
- tus miedos y tus deseos;
- tus necesidades (satisfechas y no satisfechas);
- tus valores principales (que analizaremos en la sección «¡Ahora es tu turno!»);
- tus ambiciones y tus aspiraciones;
- tus frenos y tus puntos que mejorar.

Para cada una de estas categorías, escribe todo lo que te venga a la cabeza, desde la más simple descripción hasta lo que sientes en tal o cual situación. Intenta hacer un balance con lo que sabes de ti mismo.

VOLVER A TUS VALORES

Respeto, generosidad, justicia, libertad, disfrute, autenticidad... Los valores provienen de nuestras experiencias y de nuestra educación. Son puntos de referencia y responden a la pregunta «¿por qué?». Son aquello en lo que creemos profundamente, lo que tiene sentido para nosotros y que motiva nuestros comportamientos y nuestras interacciones con nuestro entorno. Cuando elegimos, es fundamental que volvamos a nuestros valores, ya que esto nos permite actuar en varios niveles:

- estar en armonía con nosotros mismos;
- dar sentido a nuestros actos;
- gestionar las prioridades y el estrés;
- desprender confianza y serenidad frente a nuestros proyectos.

Maryvonne Lorenzen, *coach* y coautora de libro *Faire les bons choix*, aconseja que observemos dos o tres decisiones cruciales tomadas durante nuestra trayectoria e identifiquemos los factores que han influido en la elección: prejuicios, limitaciones de la sociedad, origen, entorno... Al analizar de esta manera tus propios comportamientos y tus motivaciones profundas, podrás tomar nuevas decisiones con total lucidez de acuerdo con la realidad de la situación.

CORTOCIRCUITAR TUS MIEDOS

Cuando sentimos confusión o incertidumbre ante una elección, el enfoque correcto consiste en intentar identificar nuestros miedos y nuestras falsas creencias frente a la situación planteándonos algunas preguntas. En efecto, el psicosociólogo y escritor francés Jacques Salomé (nacido en 1935) considera que, dentro de cada miedo, hay deseos: así, identificar nuestros miedos permitiría acceder a nuestros deseos y, por lo tanto, tomar decisiones con una relativa serenidad.

- ¿Cuál es mi temor con respecto a esta decisión?
- ¿Tengo el recuerdo de haber experimentado el mismo temor durante mi infancia?
- ¿En qué circunstancias se manifiesta habi-

tualmente?

- ¿Está fundado?
- ¿A qué creencia está asociado?
- ¿Qué es lo que este miedo me impide tener, hacer o ser?
- ¿Qué deseo podría esconder este miedo?
- ¿Qué medios puedo poner en marcha para satisfacer este deseo?

Escucha tus emociones y tu intuición

«Para decidirse, Richard Branson, el director ejecutivo de Virgin, se basa en la excitación que ha experimentado o no con la propuesta que le han presentado. Por su parte, el hombre de negocios húngaro Georges Soros confiesa que se fía de su dolor de espalda, que es exactamente proporcional al riesgo de una inversión financiera»[4] (Fontaine 2013).

Las emociones son un sistema de alerta que puede brindarnos datos muy valiosos en una situación determinada. Aprende a identificar las señales corporales que acompañan a tus emo-

---

4. Cita traducida por 50Minutos.es

ciones: tensión, relajación, dolor de estómago o de cabeza, escalofríos, carne de gallina, pulso acelerado…

Frente a una elección, pregúntate:

- ¿Cómo me siento con respecto a esta elección?
- ¿Cómo se manifiesta esto en mi cuerpo?
- ¿Qué provoca que sienta una cosa u otra?
- ¿Qué ideas surgen en mi cabeza espontáneamente con respecto a este tema?

Tu intuición también puede resultar ser un auténtico motor de decisión para efectuar elecciones profesionales sabias. Según una encuesta que realiza a finales de los años 1990 el doctor Jagdish Parikh, investigador en la Harvard Business School, el 80 % de los 13 000 directivos interrogados atribuyen su éxito a su intuición. El estadounidense Herbert Simon (1916-2001), investigador especialista de la intuición en empresa, explica que «la intuición está directamente relacionada con las experiencias y con el aprendizaje. El mánager, al igual que el jugador de ajedrez, sabe intuitivamente qué acción conviene en una situación determinada, ya que su cerebro ha almacenado conjuntos de datos asociativos y probabilidades previas»[5] (Fontaine 2014).

<u>**Ejerce tu intuición**</u>

Para desarrollar tu inteligencia intuitiva:

- escucha tu voz interior;
- mantente atento a tus sensaciones físicas y a tus emociones;
- presta atención a las asociaciones de ideas y a los flashes (visuales, auditivos, intelectuales);
- agudiza tus sentidos (vista, olfato, oído, tacto, gusto);
- anota tus sueños en una libreta;
- acepta las sincronicidades, es decir, la simultaneidad de al menos dos acontecimientos que no presentan una relación de causalidad, pero cuya asociación toma un sentido concreto para ti;
- desarrolla tu empatía;
- déjate llevar...

(Fontaine 2013).

---

5. Cita traducida por 50Minutos.es

Aclara tu intención

Según Dominique Chalvin, psicólogo y sociólogo, «la mayor parte de nuestras frustraciones profesionales derivan de una ausencia de jerarquización clara entre los posibles distintos objetivos»[6]. Recomienda que situemos el trabajo en el conjunto de nuestra existencia, poniéndonos metas realistas y atreviéndonos a ser unos «estrategas honestos», es decir, que podamos anticipar, establecer planes de acción adaptados, prever posiciones de repliegue, pero también que seamos capaces de rectificar nuestros comportamientos si no están acordes con nosotros mismos.

Dado que la decisión es el resultado de una intención, es importante que sepas lo que realmente quieres, y no solo lo que no quieres. Ser consciente de hacia qué tiendes te ayudará a reforzar tu determinación y tu motivación para llegar hasta tu objetivo.

Para que todo esté claro contigo mismo:

• elige objetivos concretos con plazos para

---

6. Cita traducida por 50Minutos.es

alcanzarlos;
* define etapas, objetivos intermedios que se correspondan con tus valores;
* pregúntate qué resultado o qué beneficio deseas obtener a través de esta elección.

DEFINIR UN OBJETIVO «SMARTE»

* Específico (**S**pecific en inglés): tu objetivo debe ser preciso y tiene que estar contextualizado;
* **M**edible (*Mesurable*): además, tienes que poder cuantificarlo, con etapas precisas que alcanzar;
* **A**lcanzable (*Achievable*): crees que puedes lograrlo;
* **R**ealizable (*Result-oriented*): el objetivo es realista en tu contexto específico;
* **T**emporal (*Time-limited*): has definido etapas y fechas límite que puedes cumplir razonablemente;
* **E**cológico (*Ecologic*): el objetivo debe ser aceptable para ti y para tu entorno, debe corresponderse con tus valores.

¿CÓMO ME ATENGO A MIS DECISIONES?

Una vez que hemos tomado la decisión, puede ocurrir que no logremos pasar a la acción, que sigamos dudando, a pesar de nuestra motivación.

Acepta lo desconocido

«Me gusta la idea de desprenderme del comportamiento antiguo, en lugar de dejar la relación. Repetir el mismo comportamiento no hará sino obtener los mismos resultados» (Johnson 1999).

Plantearse la pregunta del cambio de forma sincera es fundamental para dar validez a tu elección y respetar tu equilibrio y el de tu entorno.

- ¿Cuál es tu motivación profunda?
- ¿Estás dispuesto a cambiar ahora?
- ¿Qué ventajas de la situación actual te gustaría mantener?
- ¿Existe algún problema para ti o para tus seres cercanos que haya que cambiar?
- ¿Qué esperas ganar con este cambio?
- ¿Qué estás dispuesto a perder de la situación actual?

- ¿Este cambio te permitirá tener la vida a la que aspiras?

Cuidado con las decisiones que tomas para no sufrir una situación dolorosa, ya que corres el riesgo de entrar en una estrategia de evitación, en lo que se llama la «compulsión a la repetición»: mientras el problema no esté resuelto o superado, la escena se repite constantemente. Por supuesto, si vives una situación incómoda, es positivo que tomes las riendas, que busques un cambio; pero mantente alerta y no elijas automáticamente la huida. Considera todos los elementos en perspectiva y comprueba que la decisión que adoptas no está únicamente relacionada con el hecho de evitar un malestar, sino más bien con un deseo real de avanzar en tu vida profesional.

Asume y relativiza

«No existe el fracaso, sino las experiencias»[7] (Claeys Bouuaert 2013, 22).

Asumir nuestras responsabilidades significa

---

7. Cita traducida por 50Minutos.es

que seamos actores de nuestras elecciones, que aceptemos las consecuencias y que aprendamos de nuestras experiencias.

La mayoría de las decisiones tienen remedio, no son definitivas. Siempre es posible tomar nuevas decisiones, llevar a cabo otros intentos y ajustar nuestras elecciones. Por lo tanto, afortunadamente, cada decisión es una nueva ocasión para volver a dirigirse hacia lo que es importante, ya que nuestros valores tampoco se mantienen estáticos; van evolucionando a lo largo de nuestra vida y de nuestras experiencias. Esto significa que, aunque una decisión desgraciada raramente resulta ser una catástrofe irreparable, lo cierto es que cada elección merece que nos detengamos, que consideremos las opciones que se nos presentan para no dejarnos llevar por nuestras costumbres y para asegurarnos de que avanzamos hacia nuestros objetivos.

Tómate tu tiempo

«Una decisión es un proceso. En él distinguimos tres fases. Primero está la exploración (o el análisis) de la situación, después el periodo de incubación durante el que sopesamos los pros y los contras y, finalmente, el eureka, ese momento en el que por fin sabemos que hemos llegado a la solución correcta que estamos decididos a aplicar»[8], explica Sylvie Labelle, moderadora y conferenciante (Laurier 1994).

Tomarse unos días o unas semanas antes de validar nuestra decisión permite confrontar nuestra elección con la realidad: aprender a conocerla mejor, hacerse preguntas con respecto al futuro, imaginar cómo sería nuestro día a día con esta elección. Esto nos reconfortará en lo que respecta a la legitimidad de la decisión tomada. No obstante, debemos fijar un plazo de reflexión. Una vez superado este tiempo, ya no se podrá cuestionar la decisión, ya que corremos el riesgo de caer en una espiral de indecisión paralizante.

Comprométete

Comprometerse significa contraer un compromiso con nosotros mismos. Esto quiere decir que nos ponemos a prueba, que asumimos riesgos de forma voluntaria y, para ello, es necesario que tengamos una autoconfianza y una autoestima buenas.

---

8. Cita traducida por 50Minutos.es

Stephen R. Covey (hombre de negocios y conferenciante estadounidense, 1932-2012) recomienda «elaborar un enunciado de la misión, filosofía o credos personales. Se centra en lo que uno quiere ser (carácter) y hacer (aportaciones y logros), y en los valores o principios que dan fundamento al ser y al hacer» (Covey 2003).

Establece un contrato contigo mismo escribiendo en un cuaderno las líneas generales de tu elección, refrendándolo y leyéndolo con frecuencia.

Proyéctate en el futuro

> «Los atletas de alto nivel tienen un gran poder de visualización. Ven, sienten y viven mentalmente lo que van a lograr; parten con la conclusión en la cabeza»[9] (Jeanne 2012, 50).

La visualización, concebida y popularizada por el cancerólogo estadounidense Carl Simonton en los años 1970 con fines terapéuticos, permite volver a la realidad de nuestras propias posibilidades.

---

9. Cita traducida por 50Minutos.es

Se trata de que nos imaginemos con todo lujo de detalles (lugar, sensación, actitud deseada, etapa...) la situación que queremos que se materialice: esto prepara nuestro cerebro para que alcance los objetivos que nos hemos fijado y nos permite arraigar estos objetivos en la realidad. Por lo general, al hacer esto, la elección se vuelve más fácil, ya que podemos calcular las consecuencias. Según Christian Jeanne, «el imaginario mental, es decir, la visualización de una situación en la que nos vemos mientras realizamos una acción, debemos guardarla en un cajón de nuestra memoria para sacarla instintivamente cada vez que nos veamos enfrentados a una situación comparable»[10] (*ib.*).

Pasa a la acción

«Para que se produzca un cambio real, no solo hay que tomar conciencia, sino que además hace falta una acción y perseverancia»[11] (Carl Gustave Jung, psiquiatra suizo, 1875-1961).

Una vez que has tomado tu decisión, intenta

---

10. Cita traducida por 50Minutos.es
11. Cita traducida por 50Minutos.es

organizar su puesta en marcha:

- prepárate para invertir tiempo, energía y perseverancia;
- identifica las tareas que llevar a cabo;
- elabora el calendario de acciones, con etapas intermediarias;
- prevé los medios que deberás movilizar;
- imagina las soluciones para los posibles obstáculos;
- vigila con frecuencia el progreso de tu plan de acción para mantener la concentración.

LOS MEJORES CONSEJOS

- Analiza objetivamente tu situación profesional, teniendo siempre en mente los otros ámbitos de tu vida: el personal, el familiar, el financiero, el social, el de la salud...
- Frente a una decisión profesional, imagina las distintas opciones que se presentan ante ti.
- Mantén la mente abierta a cualquier posibilidad para que aparezca un camino que quizás no habías vislumbrado hasta ahora.
- Adopta tu decisión teniendo en cuenta lo que es realmente importante para ti (tus valores, tus necesidades, tus deseos...). Pregúntate qué beneficio o qué resultado buscas a través de estas elecciones.

«Nuestros valores son un auténtico filón, una mina de motivación intrínseca y razones magníficas para hacer lo que hacemos. Se encuentran en el centro del sentido de nuestras vidas laborales y de nuestros proyectos. Por extensión, favorecen acciones fluidas que alimentan el disfrute y, por ende, un estado anímico positivo, emprendedor, centrado en la acción»[1] (Pascual s.f.).

- Escucha tus emociones para sentir lo que es realmente positivo para ti frente a tu decisión.

   «Tengan el valor de seguir su corazón e intuición, que de alguna ya saben lo que realmente quieren llegar a ser» (Steve Jobs en CNN en Español 2011).

- Haz la prueba de «¿Lo veo o no lo veo?»: frente a una elección, hazte esta pregunta y escucha la respuesta que surge espontáneamente. Es tu intuición la que habla y puede enseñarte mucho sobre ti si aprendes a escucharla. También puede hacerte ganar un tiempo considerable cuando tomes decisiones ahorrándote una búsqueda de información demasiado exhaustiva. Mantén la lucidez identificando los factores que influyen en tu elección: prejuicios, sociedades, origen, entorno...

   «No es porque las cosas sean difíciles que no nos animamos; es porque no nos animamos que las cosas son difíciles» (Séneca en El-Manzalawy 2016).

- Tómate tu tiempo para madurar tus ideas

---

1. Cita traducida por 50Minutos.es

concediéndote pausas, meditando…
- Escribe un diario en el que anotes tus reflexiones y tus sentimientos acerca de las elecciones que llevas a cabo.
- Para abrir el campo de posibilidades, cambia tu modo de decisión remitiéndote a la razón si eres intuitivo o, al contrario, desarrollando tu inteligencia intuitiva si recurres habitualmente a la razón.
- Percibe el cambio como un motor de aprendizaje y de evolución.
- Empieza por llevar a cabo pequeñas decisiones para entrenarte a tomar grandes decisiones.

PREGUNTAS FRECUENTES

¿QUÉ PASOS SIGUE MI CEREBRO PARA TOMAR UNA DECISIÓN?

La doctora Lesley Fellows, neuróloga e investigadora en el hospital neurológico de Quebec, ha mostrado que el cerebro utiliza dos zonas cerebrales distintas para decidir. Una se interesa por el objeto de la decisión y la otra por las acciones necesarias para la materialización de ese objetivo.

- El córtex prefrontal, en el centro del proceso de decisión, permite la organización frente al cambio, la consecución de objetivos, la puesta en marcha de planes de acción y la decisión. Sobre todo, las investigaciones de Lesley Fellows han puesto de manifiesto que personas que han sufrido una lesión en esta zona experimentan dificultades para elegir y definir objetivos.
- El sistema límbico, sede de las emociones y, en

particular, del miedo, permite evaluar durante el proceso de decisión las acciones necesarias para alcanzar cada opción.

¿CUÁLES SON LAS CONSECUENCIAS DE UNA «NO ELECCIÓN»?

«No elegir es una opción» (Jean-Paul Sartre en Vargas 2013).

No tomar una opción, encomendarlo todo al azar o a las decisiones de los demás nos sitúa en una posición de espectador.

Dejarse llevar de esta manera acaba generando necesariamente frustración, sufrimiento y culpabilidad. La no elección es un factor pasivo que afecta a la autoconfianza e impide una evolución personal que favorezca la autorrealización. Por el contrario, ser consciente de las elecciones que se presentan ante nosotros y tomar una dirección u otra porque lo hemos decidido nos convertirá en los dueños de nuestras vidas.

Obviamente, no siempre es fácil asumir nuestras elecciones. Corremos el riesgo de equivocarnos y, por lo tanto, de exponernos a consecuencias desagradables; sin embargo, siempre hay que tener en mente que incluso un error nos enseña más sobre nosotros mismos que la simple pasividad. Dado que tenemos la suerte de ser libres a la hora de elegir, no la malgastemos.

¿TENGO QUE FIJAR UNOS LÍMITES A MIS DECISIONES?

Carlo Moïso (psiquiatra y psicoterapeuta italiano, 1945-2008) identificó las «5 I», situaciones sobre las que ningún individuo puede actuar, lo que constituye el límite de nuestras decisiones (Gallotti y Lorenzan 2015, 135):

- **la injusticia de la vida**. Aceptar aquello sobre lo que no podemos influir, actuar sobre el presente y sobre los acontecimientos en los que tenemos un impacto real permite limitar el deseo de venganza, los remordimientos y los resentimientos, así como la victimización;
- **la inadecuación del hombre**. Tomar conciencia de que no somos omnipotentes permite reducir la ilusión de la perfección, recuperar la humildad y la conciencia del valor de los demás, mientras asumimos nuestra singularidad;
- **la inevitabilidad del final y de la muerte**. Al

trazar una línea del tiempo entre un principio y un final, somos más lúcidos y vivimos con más conciencia y sentido;
* **la irreversibilidad del pasado**. Al medir el posible impacto de nuestro pasado, somos más proclives a perdonar, a vivir mejor nuestros duelos, a vivir el presente en vez de idealizar el pasado y a llevar a cabo transiciones positivas frente a los cambios;
* **la imprevisibilidad del futuro**. El hecho de no conocer el futuro nos motiva a tomar decisiones, a progresar y a dar sentido a nuestros actos.

¿SE PUEDE HABLAR DE BUENAS O MALAS DECISIONES?

Si logras abandonar la idea de perfección, cambiar tu mirada sobre tus decisiones, asimilar que todo es experiencia, entenderás que no existe una buena o una mala decisión. Lo que realmente cuenta en tu elección es que tu proyecto avance y empiece a materializarse. Tomar nuevas decisiones permite aprender, evolucionar y avanzar.

Cuando llegue el momento de hacer un balance, sabrás si tu decisión era juiciosa o no. Entonces, podrás analizar las circunstancias que han llevado al resultado obtenido y volver a intentar otra acción si fuera necesario.

¿EN QUÉ MEDIDA UN MEJOR CONOCIMIENTO DE UNO MISMO PERMITE TOMAR DECISIONES SATISFACTORIAS?

El aprendizaje de nuestras necesidades a través del estudio de nuestros comportamientos, de nuestras actitudes, de nuestras resistencias y de nuestra manera de funcionar nos permite aprender cómo actuar y reaccionar.

Logramos entender mejor las causas y los efectos de nuestras decisiones y de nuestras elecciones vitales. Al abrirnos al conocimiento de nosotros mismos, nos damos la oportunidad de liberarnos de comportamientos limitadores que nos mantienen prisioneros de nuestros miedos, de nuestras creencias o de interpretaciones que llevan al error.

¿DEBO DEJARME AYUDAR CUANDO TENGO QUE TOMAR UNA DECISIÓN PROFESIONAL IMPORTANTE?

Con toda seguridad, establecer un balance de competencias, recurrir a un *coach* o pedir ayuda a tu entorno son acciones muy útiles a la hora de tomar una decisión determinante. Una mirada externa puede aportar recursos complementarios y destacar orientaciones en las que quizás no habías pensado.

Si te acompaña un profesional, «podrás expresar tus sentimientos, tus dudas, tus aspiraciones, tus deseos sin ser juzgado y también podrás hacer una selección en toda esta complejidad. Estarás acompañado para encontrar los puntos de referencia útiles que orientarán tu elección en función de tus necesidades y de tu entorno. Podrás explorar las posibles vías, "dar a luz" a tu auténtica verdad interior acercándote a tu ser profundo. Eres tú quien decide por ti mismo al aumentar tu nivel de conciencia de forma completamente autónoma y liberado de tus escenas pasadas»[1] (Fosset 2014, 82).

---

1. Cita traducida por 50Minutos.es

¡AHORA ES TU TURNO!

ANALIZA TU SITUACIÓN ACTUAL

Te presentamos algunos ejemplos de preguntas que puedes plantearte para profundizar en la situación, inspiradas en el proceso de Béatrice Gomez «Changer de job? 7 étapes pour faire le bon choix»:

- ¿Cuál ha sido mi trayectoria en esta empresa?
- ¿Cuáles son mis puntos fuertes y los aspectos que debo mejorar a nivel profesional?
- ¿Mis competencias se adecuan a las necesidades del mercado?
- ¿Qué es realmente importante para mí en mi trabajo?
- ¿Cuál es la calidad de mi relación con mi jerarquía, con mis compañeros?
- ¿Qué objetivo me he fijado para progresar profesionalmente?
- ¿Qué impacto tiene mi marco familiar en mi actividad profesional?
- ¿Mi situación financiera es estable?
- ¿Soy más bien solitario o una persona sociable?

- ¿En qué contexto se sitúa mi decisión?
- ¿Cuál es la principal razón que actualmente me genera ganas de cambio?
- ¿Qué beneficio espero de un cambio de orientación?
- ¿Qué estoy dispuesto a arriesgar o a perder?
- ¿Esta decisión depende de mí parcial o completamente?
- ¿Tengo que tomar la decisión urgentemente? En caso de respuesta afirmativa, ¿a qué se debe?
- ¿Qué formaciones y que experiencias he adquirido o debo adquirir, que me permita alcanzar mis sueños?
- Etc.

DA PRIORIDAD A TUS VALORES

- Empieza por redactar una lista con los veinte valores que te parecen importantes o que piensas que se encuentran en la raíz de tus comportamientos (para inspirarte, no dudes en efectuar una búsqueda por internet).
- Sin pensar, de forma intuitiva, retén los diez valores más importantes para ti preguntándote lo que te dices o lo que haces cuando actúas en función de ese valor.

- Escribe estos diez valores a la vez en la primera columna y en la primera fila de una tabla.
- A continuación, compara estos valores por parejas y determina cuál de los dos es más importante, y anota 1 o 0 en la celda correspondiente.
- Haz la suma para cada valor y guarda los tres valores principales.
- Para acabar, pregúntate si los valores que has guardado se corresponden con tu elección profesional. Si no es el caso, empieza a explorar tus opciones.

	Amor	Escucha	Libertad	Autenticidad	Aprendizaje	Serenidad	Creatividad	Seducción	Respeto	Disfrute	Total
1. Amor		1	1	0	1	1	1	1	1	1	**8**
2. Escucha	0		0	0	0	0	0	1	0	0	**1**
3. Libertad	0	1		0	1	0	0	1	0	0	**3**
4. Autenticidad	1	1	1		1	0	1	1	1	1	**8**
5. Aprendizaje	0	1	0	0		0	0	1	0	0	**2**
6. Serenidad	0	1	1	0	1		1	1	1	0	**6**
7. Creatividad	0	1	1	0	1	0		1	1	0	**5**
8. Seducción	0	0	0	0	0	0	0		0	0	**0**
9. Respeto	0	1	1	0	1	0	0	1		0	**4**
10. Disfrute	0	1	1	0	1	1	1	1	1		**7**

Mis tres valores principales son:

1	**Amor**
2	**Autenticidad**
3	**Disfrute**

El proceso que presentamos a continuación se inspira en el artículo de Jung «L'intuition en exercice 4: prendre la bonne decisión», publicado en el año 2011.

Piensa en la decisión que debes tomar y refúgiate en un lugar tranquilo. Concéntrate en tu respiración y relájate. Deja que aparezca un paisaje conocido o imaginario, sinónimo de calma y de serenidad. Paséate por este paisaje y fíjate en las vistas y en las sensaciones que despierta en ti.

Llegarás a una intersección donde el camino se divide en dos, en tres o en más vías. Cada vía indica una posible alternativa a tu pregunta, seas consciente o no. Toma un primer camino fijándote en lo que sientes y anotando todos los detalles que te imaginas (ambiente, tiempo...). Pregúntate: ¿dónde crees que llegarás con este camino? ¿Hay obstáculos? ¿Estás solo o te encuentras con otras personas? ¿Qué cualidades necesitas para tomar ese camino?

Cuando acabe tu exploración, vuelve a la intersección, toma el siguiente camino y procede de la misma manera. Cuando ya no veas ningún camino por explorar, vuelve al paisaje inicial y descansa un momento. Vuelve a pensar en lo que has vivido siguiendo las distintas opciones y pregúntate cuál es la que te ha aportado más felicidad. Si estás lo suficientemente relajado y concentrado en ti mismo, serás capaz de distinguir de una forma más o menos clara el camino que debes seguir. Sea así o no, acaba el ejercicio realizando unas profundas inspiraciones y expiraciones y anotando con precisión tus impresiones en una libreta. Si no has logrado analizar suficientemente tus sensaciones para tomar una decisión, tómate un poco de tiempo para relajarte y volver a empezar el ejercicio.

¡Tu opinión nos interesa!
¡Deja un comentario en la página web de tu
librería en línea,
y comparte tus favoritos en las redes sociales!

PARA IR MÁS ALLÁ

FUENTES BIBLIOGRÁFICAS

- Bourbeau, Lise. 2013. *Les 5 blessures qui empêchent d'être soi-même.* París: Pocket.

- Chalvin, Dominique. 2016. *L'affirmation de soi.* Montrouge: ESF Éditeur.

- Claeys Bouuaert, Michel. 2013. *L'éducation émotionnelle de la maternelle au lycée.* Gap: Le Souffle d'Or.

- Cottreaux, Jean. 2003. *La répétition des scénarios de vie. Demain est une autre histoire.* París: Odile Jacob.

- Covey, Stephen R. 2003. *Los 7 hábitos de la gente altamente efectiva.* Buenos Aires: Paidós.

- Fontaine, Isabelle. 2013. *Développez votre intuition pour prendre de meilleures décisions.* Montrouge: Leduc.s Éditions, colección *Quotidien Malin*.

- Fontaine, Isabelle. 2013. "5 conseils pour prendre la bonne décision au bon moment". *Huffington post.* 22 de noviembre. Consultado el 24 de agosto de 2017. http://www.huffingtonpost.fr/isabelle-fontaine-/5-conseils-pour-prendre-la-bonne-decision_b_4317229.html

- Fontaine, Isabelle. 2014. "Intuition en entreprise: une révolution en marche?". *Histoire d'intuition*. 11 de junio. Consultado el 24 de agosto de 2017. https://histoiredintuition.com/2014/06/11/une-revolution-en-marche/

- Fosset, Patrice. 2014. *La conscience de changer.* Londres: Bookboon.com

- Gallotti, Anna y Maryvonne Lorenzen. 2015. *Faire les bons choix.* París: Eyrolles.

- Gladwell, Malcolm. 2007. *La force de l'intuition.* París: Robert Laffont.

- Gueniat, Julien. 2014. "Voici comment connaître ses valeurs (Un système bluffant!)". *Leader-blogueur.* Consultado el 24 de agosto de 2017. https://www.leader-blogueur.com/comment-connaitre-ses-valeurs/

- Jeanne, Christian. 2012. *Que l'énergie soit avec vous.* Morrisville: Lulu autoédition.

- Johnson, Spencer. 1999. *¿Quién se ha llevado mi queso?* Barcelona: Empresa activa.

- Kahler, Taibi. 2010. *La process thérapie.* París: Eyrolles.

- Laurier, Andrée. 1994. "Des méthodes efficaces pour prendre de bonnes décisions". *Coup de pouce.*

- Lenoir, Frédéric. 2013. *Du bonheur, un voyage philosophique.* París: Fayard.

- Livre de Poche. s.f. "Entretien avec Frédéric Lenoir

dans La Vie". *Livre de Poche*. Consultado el 24 de agosto de 2017. http://www.livredepoche.com/pour-aller-plus-loin/29435-entretien-avec-frederic-lenoir-dans-la-vie

- Marzano, Michela. 2008. *Extension du domaine de la manipulation de l'entreprise à la vie privée*. París: Grasset.

- Mielczareck, Vanessa. 2009. *Guide de la personne heureuse*. París: Le Courrier du livre.

- Pascual, Sylvaine. s.f. "8 étapes pour gérer les périodes de doute". *Ithaque coaching*. Consultado el 24 de agosto de 2017. http://www.ithaquecoaching.com/articles/8-etapes-pour-gerer-les-periodes-de-doute-1906.html

- Péronnet, Valérie. 2010. "Choix: pourquoi nous hésitons". *Psychologies*. Enero. Consultado el 24 de agosto de 2017. http://www.psychologies.com/Moi/Se-connaitre/Comportement/Articles-et-Dossiers/Savoir-faire-les-bons-choix/Choix-pourquoi-nous-hesitons

- Thomass, Balthasar. 2008. *Être heureux avec Spinoza*. París: Eyrolles.

FUENTES COMPLEMENTARIAS

- Béatrice Gomez. s.f. "Changer de job? 7 étapes pour faire le bon choix". *Trouver mon emploi*. Consultado el 24 de agosto de 2017. http://www.

trouvermonemploi.com/montez-a-bord

- El-Manzalawy, Wael. 2016. *150 citas sobre el éxito y la vida*. s.l.: Babelcube Inc.

- Jean-Baptiste. s.f. "Et si vous pouviez apprendre à assumer la responsabilité de vos choix, simplement?". *Reussite Personnelle*. Consultado el 24 de agosto de 2017. https://www.reussitepersonnelle. com/assumer-la-responsabilite/

- Jobs, Steve. 2011. "Las tres lecciones de vida de Steve Jobs". *CNN en Español*. Consultado el 24 de agosto de 2017. http://cnnespanol.cnn.com/2011/10/06/ las-tres-lecciones-de-vida-de-steve-jobs/

- Jung, Sylvaine. 2011. "L'intuition en exercice 4: prendre la bonne décision". *Les Chemins de l'intuition*. Consultado el 24 de agosto de 2017. http://lescheminsdelintuition.com/ lintuition-en-exercice4-prendre-la-bonne-decision/

- Larivée, Josée. 2012. "Quand la peur nous mine l'existence". *Coup de pouce*. 20 de marzo. Consultado el 24 de agosto de 2017. http://www. coupdepouce.com/vie-perso/psychologie/article/ quand-la-peur-nous-mine-l-existence

- Martin, Véronique. 2016. "Prendre la bonne décision: méthode et outils". *Cap cohérence*. 28 de febrero. Consultado el 24 de agosto de 2017. https://www.cap-coherence.fr/blog/2016/2/28/ prendre-la-bonne-decision-methodes-et-outils

- Simonton, Carl. s.f. "Bienvenue dans le monde de la visualisation créative". *Visualisation créative.* Consultado el 24 de agosto de 2017. http://www.visualisation-creative.com/

- Vargas, Gaby. 2013. *El arte de convivir y la cortesía social.* Madrid: Aguilar.